yukismart.com/b/63408e

AF365396

bebè

малыш

bambino

мальчик

amici

друзья

bambina

девочка

sorridere

улыбаться

piangere

плакать

capelli

волосы

occhio

глаз

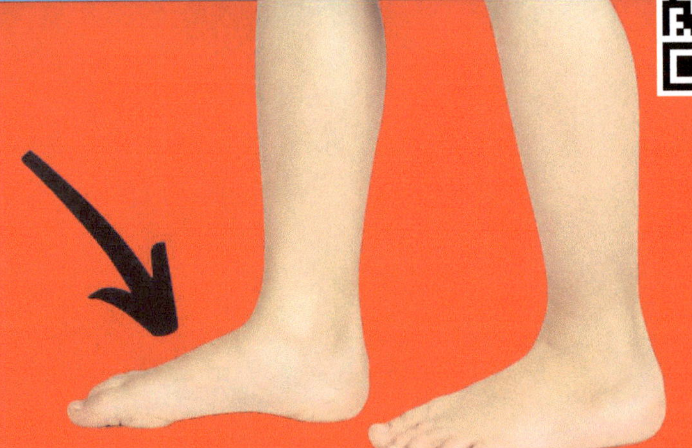

piede

ступня

mano

рука

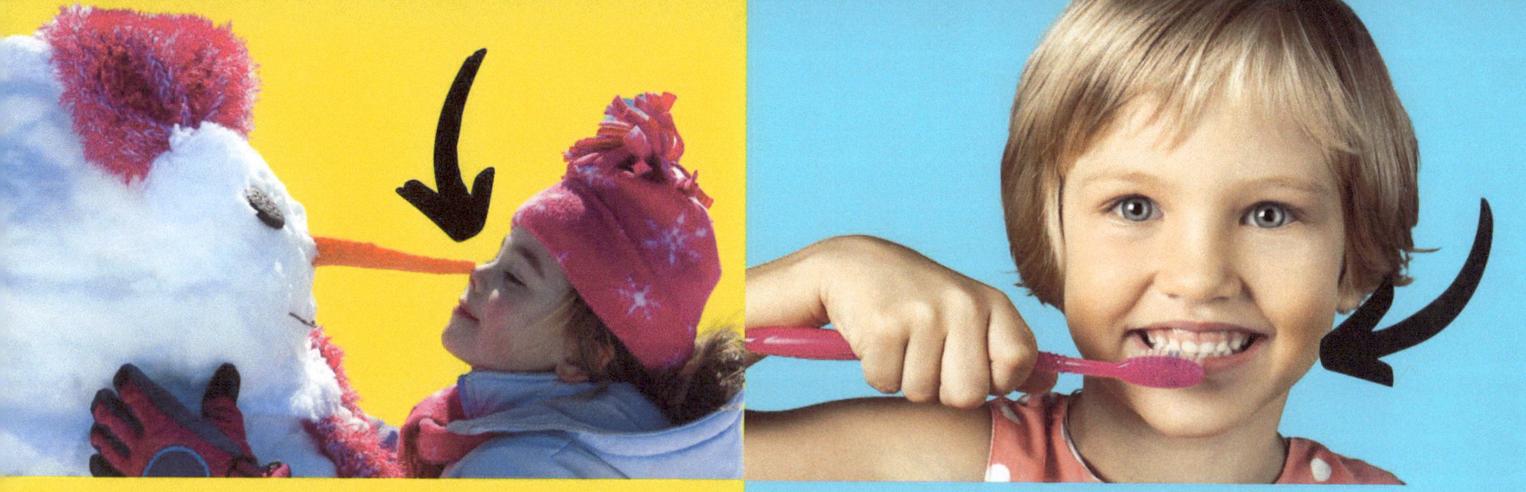

naso

нос

denti

зубы

orecchio

ухо

lingua

язык

sole

солнце

luna

луна

stella

звезда

albero

дерево

uccello

птица

cappotto

пальто

pantaloni

штаны

vestito

платье

scarpe

обувь

rosso

красный

blu

синий

giallo

желтый

rosa

розовый

bianco

белый

verde

зеленый

nero

черный

multicolore
разноцветный

arcobaleno

радуга

mela

яблоко

banana

банан

pomodoro

помидор

arancia

апельсин

carota

морковь

piselli

горох

patata

картофель

mais

кукуруза

limone

лимон

uva

виноград

pera

груша

cocomero

арбуз

zucchina

цуккини

uovo

яйцо

fungo

гриб

quadrato

квадрат

cerchio

круг

rettangolo

прямоугольник

triangolo

треугольник

gatto

кошка

cane

собака

pesce

рыба

mucca

корова

anatra

утка

pulcino

цыпленок

gallina

курица

rana

лягушка

maiale

свинья

coniglio

кролик

topo

мышь

cavallo

лошадь

pecora

овца

fiore

цветок

farfalla

бабочка

coccinella

божья коровка

lumaca

улитка

torta

торт

pane

хлеб

orologio

часы

chiave

ключ

libro

книга

palla

мяч

tavolo

стол

piatto

тарелка

sedia

стул

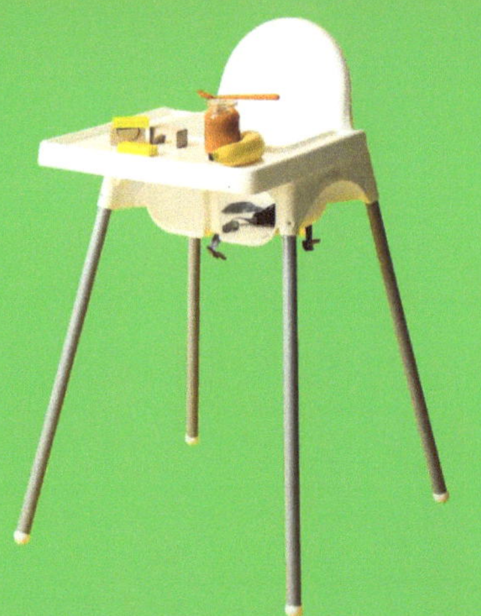

seggiolone

стульчик для кормления

forchetta

вилка

coltello

нож

cucchiaio

ложка

tazza

чашка

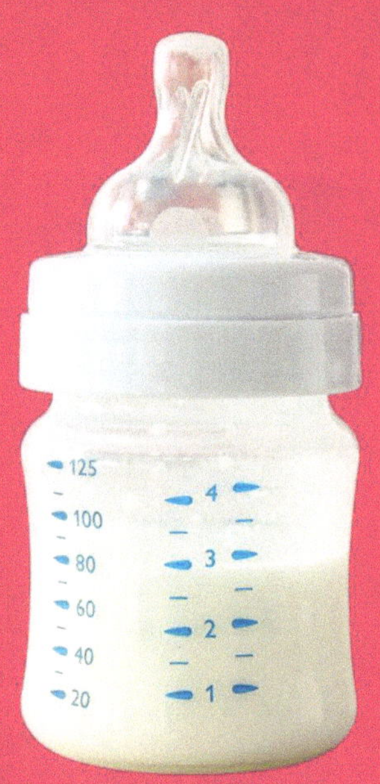

biberon

детская бутылочка

bicchiere

стакан

letto

кровать

culla

детская кроватка

orsacchiotto

плюшевый мишка

ciuccio

соска

asciugamano

полотенце

lavandino

раковина

spazzolino

зубная щетка

sapone

мыло

gabinetto

туалет

vasino

горшок

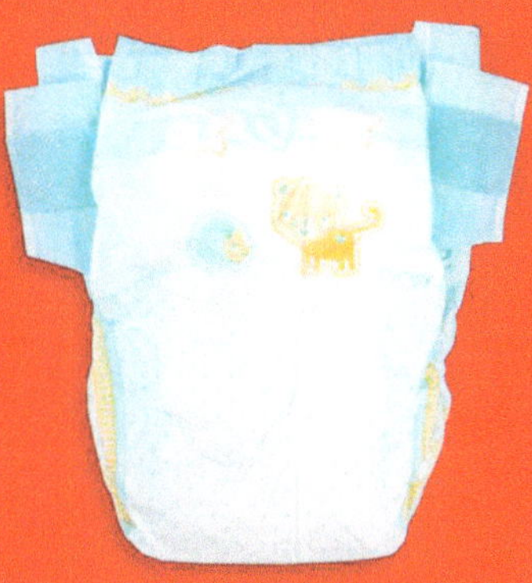

pannolino

подгузник

automobile

автомобиль

bicicletta

велосипед

aereo

самолёт

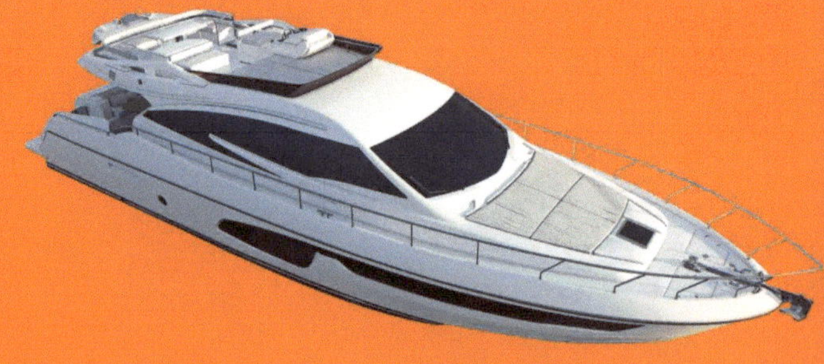

barca

лодка

camion dei pompieri

пожарная машина

treno

поезд

giocattoli

игрушки